AF259569

LOUIS JACOB

LA MORT

DE

NAPOLÉON Iᵉʳ

Extrait de la *Nouvelle Revue* du 1ᵉʳ Novembre 1908

ÉDITIONS DE LA *NOUVELLE REVUE*

80, RUE TAITBOUT, PARIS

—

1908

LOUIS JACOB

LA MORT

DE

NAPOLÉON Ier

Extrait de la *Nouvelle Revue* du 1er Novembre 1908

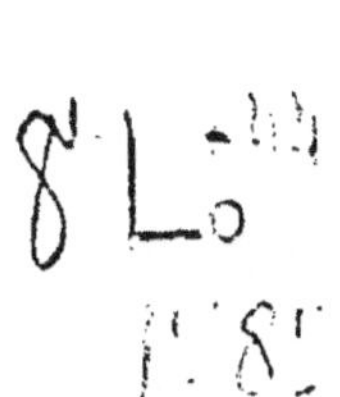

ÉDITIONS DE LA *NOUVELLE REVUE*

80, RUE TAITBOUT, PARIS

—

1908

LA MORT DE NAPOLÉON Ier

(Impression produite en France et en Europe)

Le 5 mai 1821, à six heures de l'après-midi, Napoléon s'éteignit à Sainte-Hélène. L'importance de l'événement n'échappait pas à ceux qui étaient chargés de garder l'illustre prisonnier, et aussitôt un courrier partit pour porter la nouvelle au gouvernement britannique. Ce fut le 5 juillet suivant, exactement deux mois après, jour pour jour, que le numéro du *Times* annonçait à ses lecteurs la mort de l'ex-empereur. On est un peu surpris d'une pareille lenteur des communications quand on songe que peu d'années auparavant les bulletins des victoires impériales mettaient quatre ou cinq jours seulement pour arriver du fond de la Prusse ou des bords du Danube aux rives de la Seine; on l'est moins, si l'on se rappelle que Napoléon était resté deux mois et demi en mer pour se rendre de Plymouth à Sainte-Hélène.

En France, la nouvelle fut connue du gouvernement dans la nuit du 5 au 6 juillet : un exprès envoyé par notre ambassadeur à Londres la fit transmettre de Calais à Paris par le télégraphe, et le *Moniteur Officiel* fit savoir dès le 6, mais très accessoirement, en seconde colonne, à la suite des nouvelles peu intéressantes de la cour, que « les journaux anglais annonçaient la mort de Buonaparte. »

Louis XVIII se trouvait à Saint-Cloud. Le matin du 6 juillet, le général Rapp, alors maitre de la garde royale, était de service auprès du roi et devait déjeuner avec lui. En apprenant la mort de son ancien maitre, il refusa d'abord d'y ajouter foi; mais lorsqu'il ne lui fut plus possible d'en douter, ne pouvant retenir ses larmes, il se retira en disant que la mort de celui auquel il avait été attaché pendant quinze ans lui était très sensible parce qu'il n'était pas un ingrat. Le roi, informé de ce qui se passait, fit appeler le général après la messe : « Je sais, lui dit-il, que vous « êtes très affligé de la nouvelle que j'ai reçue; cela fait honneur

« à votre cœur ; je vous en aime et vous en estime davantage. »
— « Sire, répondit Rapp, je dois tout à Napoléon, surtout l'estime
« et la bonté de Votre Majesté. » Le roi, touché de la réponse
franche et loyale du général, daigna la faire connaître le jour
même à sa famille et à ses ministres : elle fut répétée à l'envi par
la presse française et étrangère qui y trouva l'occasion d'exalter
la fidélité du soldat et la bonté du roi (1).

La nouvelle surprit le public, mais bien moins qu'on est porté
à se l'imaginer : comme l'écrivait l'ambassadeur de France à
Berlin, « Napoléon était depuis longtemps considéré comme mort
civilement. » La comtesse de Boigne qui avait entendu crier par
les colporteurs des rues les annonces sensationnelles : « la mort
de Napoléon-Bonaparte pour deux sols, son discours au général
Bertrand pour deux sols, » constatait que cela ne faisait pas
plus d'effet dans les rues que l'annonce d'un chien perdu. « Je
me rappelle encore, ajoutait-elle, combien nous fûmes frappées
quelques personnes un peu réfléchissantes, de cette singulière
indifférence, combien nous répétâmes : « Vanité des vanités :
et tout est vanité (2). »

Mais les partisans de Napoléon n'avaient pas renoncé, malgré
les nouvelles peu rassurantes qu'ils recevaient de Sainte-Hélène,
à l'espoir de le voir réapparaître : la nouvelle les surprit telle-
ment qu'ils refusèrent d'y croire, et une partie du public qui partageait aussi cet espoir, suivit le même mouvement et ne voulut
pas, au premier abord, y ajouter foi :

« Un de ces hommes à lanterne qui vendaient le *Journal du soir* était
à son poste, le 8 juillet, dans le quartier entre le faubourg Saint-Ger-
main et le faubourg Saint-Jacques, lorsque des jeunes gens l'abor-
dèrent en lui demandant le compte-rendu de la séance de la Chambre
des Députés. Le marchand répond qu'il ne l'a pas encore, mais qu'il
possède déjà des nouvelles intéressantes, et il leur annonce « la mort
de Bonaparte. » A ces mots, les jeunes gens, croyant avoir affaire à
un imposteur, l'insultent, fondent sur lui et l'accablent à coups de
canne (3). »

Tout comme les étudiants, la masse du peuple resta incrédule à
la première annonce de la mort de l'Empereur : et rien n'était
plus vrai que le souvenir exprimé par la vieille grand-mère de la
chanson :

(1) D'après l'*Annuaire historique* de 1821.
(2) *Mémoires de la comtesse de Boigne*, t. III, p. 68.
3) *Gazette* du lundi 9 juillet 1821.

Lui qu'un pape a couronné
Est mort dans une île déserte !
Longtemps aucun ne l'a cru :
On disait : il va paraître,
Par mer il est accouru ;
L'étranger va voir son maître !...

Cet état d'esprit que nous serions tentés de considérer comme enfantin, dominait surtout chez les anciens serviteurs et les vieux soldats de Napoléon ; ils l'avaient vu de près, ils le savaient sujet à l'humaine condition et ne pouvait pas le considérer comme un héros légendaire et impérissable : pourtant, ils l'auraient voulu immortel comme sa gloire à laquelle ils avaient contribué et un sentiment bien naturel protestait en eux contre la réalité du fait annoncé.

A ce moment, la Chambre des Députés discutait le projet de loi relatif à la prorogation de la censure. La nouvelle de la mort de Bonaparte, connue de bonne heure au Palais Bourbon, n'y provoqua aucune manifestation : à peine un léger incident fut-il soulevé pendant la séance du 7 juillet. Un député, M. Duplessis de Grenedan, pour justifier l'établissement et le maintien de la censure, cherchait des arguments dans les abus des gouvernements précédents, et, chose facile, il ne manqua pas de parler de l' « usurpateur ». Une voix à gauche l'interrompit : « Il est mort, n'en parlez plus ». M. Duplessis de Grenedan, se tournant vers l'interrupteur : « Je le sais bien, mais il y a des gens qui peuvent dire : l'Empereur est mort, vive l'Empereur ! » Un vif mouvement éclata à ces mots, et une voix, à gauche, ajouta : « Prenez donc garde, cela est séditieux ».

A Londres, le Parlement ne siégeait pas ; mais l'assemblée de la Compagnie des Indes était réunie le 5 juillet après-midi quand la nouvelle de la mort de Napoléon arriva. Le président crut bien faire en portant à la connaissance de ses collègues la nouvelle qu'il venait de recevoir par une lettre particulière, mais qu'une dépêche de sir Hudson Lowe confirmait officiellement. Un membre de l'assemblée, M. Lowndes eut le mauvais goût de souligner cette communication par cette phrase : « Eh bien, monsieur le président, je vous félicite de cette nouvelle. » A ces mots, les murmures éclatent, le bruit interrompt l'orateur et les membres de l'assemblée manifestent hautement leur désapprobation. La générosité anglaise paraissait se révolter contre toute insulte faite à un ennemi vaincu, dont il ne restait plus que le souvenir, qui appartenait à l'histoire (1). Sir Douglas Rinnaud se leva pour dire qu'il était indigne d'un Anglais de faire du décès d'un homme politiquement mort depuis longtemps matière à félicitation. (*Bravo sur la plupart des bancs*). Le président, M. Pattison, expliqua que l'événement avait été communiqué comme un fait et non comme un objet de discussion ; alors, M. Lowndes rectifia son interruption en félicitant simplement le pays d'être délivré des frais exigés par la détention du captif à Sainte-Hélène ; puis, il résuma son discours sur la charte du commerce de l'Inde, mais personne n'en put entendre un mot à cause des conversations qui s'engagèrent sur la mort de Bonaparte (2).

Le roi d'Angleterre, Georges IV, fut informé de la nouvelle par lord Castlereagh : « Sire, lui dit le ministre, en entrant dans son cabinet, je viens apprendre à Votre Majesté qu'elle a perdu son plus mortel ennemi. — Quoi, s'écria-t-il, est-il possible, elle est morte ! » Castlereagh dut calmer la joie intempestive du monarque en lui expliquant qu'il ne s'agissait pas pour l'instant de la reine sa femme, mais seulement de Bonaparte (3).

En Angleterre bien plus qu'en France, les journaux furent remplis d'articles consacrés à Napoléon. On devine le ton des réflexions philosophico-historiques provoquées par cet événement ; il est inutile de les reproduire : cependant quelques observations intéressantes méritent d'être citées ; on remarqua que le 5 mai, jour de la mort de Bonaparte, était l'anniversaire de son arrivée à l'île d'Elbe. Le journal ministériel anglais, *The Courier*, prétendait que le mois de mai avait souvent été fatal à Napoléon ; et, comme au nombre des infortunes de l'Empereur il citait les *défaites* de Lutzen, Bautzen et Würtschen, les 2, 20 et 21 mai 1813, le *Courrier français* répondait : « C'est comme si nous disions que Nelson fut battu à Aboukir et à Trafalgar (4) ». Un journal belge ayant observé que le 5 mai était aussi l'anniversaire de l'entrée de leurs « *libérateurs* » les Anglais à Anvers, en 1814, le même organe français lui répondait : « On peut ajouter que c'est aussi l'anniversaire de la mort de l'industrie en Belgique (5) ». Des prophètes, après coup, déclarèrent que la mort

<hr>

(1) Dépêche de M. de Caraman, ambassadeur de France à Londres, du 6 juillet 1821.

(2) *Times* du 6 juillet 1821.

(3) *Mémoires de la Comtesse de Boigne*, t. III, p. 69-70. — La reine Caroline, dont la conduite, aussi peu louable que celle de son mari, scandalisait alors la ville de Londres, devait mourir un mois plus tard.

(4) Le *Courrier* du lundi 10 mai 1821.

(5) Le *Courrier* du 16 mai 1821.

de Napoléon avait été prédite par des signes certains. On rappela qu'une brochure avait paru au mois de mai, intitulée : « Lettres de Bonaparte à l'un de ses principaux agents » ; or, la dernière de ces lettres, datée du 29 avril, se terminait par ces mots : « Ne comptez plus moi (1) ». C'était prévoir assez juste.

Les dépêches des représentants français adressées au ministre des Affaires étrangères pendant le mois de juillet 1821, nous font connaître d'une façon assez exacte l'impression produite à l'étranger par l'annonce de la mort de Napoléon. Ce fut à Londres, chez les ennemis les plus acharnés de l'Empereur que la nouvelle provoqua le plus d'intérêt. Sans doute, « sa longue cap-« tivité, l'impossibilité de son évasion et la connaissance que « l'on avait déjà du mauvais état de sa santé avaient accoutumé « à l'idée de le voir terminer sa carrière à Sainte-Hélène, mais « l'espèce d'intérêt qui s'attache aux destinées extraordinaires a « paru se réveiller à la nouvelle certaine de sa mort ; ses ennemis « les plus constants et les plus déclarés s'en sont montrés frappés « comme d'un événement remarquable (2) ». A Londres, le 7 juillet au matin, des placards étaient affichés dans les rues, portant invitation « à tous ceux qui admirent le talent et le courage dans « l'adversité à prendre le deuil en conséquence de la mort préma-« turée de Napoléon Buonaparte (3) ».

Les nombreux partisans que Napoléon avait en Angleterre n'hé-sitèrent pas à accuser le gouvernement anglais d'avoir employé tous les moyens pour se débarrasser de lui et pour hâter sa fin. Il est avéré que le climat de Sainte-Hélène fut meurtrier pour Bonaparte, et l'on est péniblement surpris de voir un ambassa-deur français vouloir défendre le gouvernement anglais de ce reproche : « Il est peu probable, écrivait M. de Caraman, qu'une captivité « aussi douce », sous un climat sain, puisse être consi-dérée comme une cause de sa dissolution (4) ». Plusieurs Anglais de la haute société prirent le deuil, entre autres sir Robert Wilson, et la colonie française de Londres put librement mani-fester les regrets que cette mort inspirait aux admirateurs du grand vaincu. Les hommes politiques anglais que la haine de Bonaparte n'aveuglait pas allaient jusqu'à déplorer sa fin ; ils

(1) Le *Courrier* du 16 mai 1821.

(2) Dépêche de l'ambassadeur français à Londres au ministre des Affaires étran-gères, 6 juillet 1821.

(3) Le même au même, 7 juillet 1821.

(4) Entretien de lord Westmoreland avec le comte de Caraman, le 5 juillet 1821. Dépêche du 7 juillet.

redoutaient une recrudescence des idées napoléoniennes que l'on ne manquerait pas d'exalter à cette occasion. Depuis six ans, relégué dans son île, Napoléon était hors d'état de nuire ; après sa disparition, ne fallait-il pas craindre que le parti bonapartiste en France ne choisit un chef plus dangereux pour la tranquillité des États ?

Le duc de Reichstadt devenait, par la mort de son père, le chef de la dynastie napoléonienne et du parti bonapartiste, et il était naturel qu'à ce moment l'attention de l'Europe se portât vers l'héritier de l'Empereur ; mais son jeune âge et la situation dans laquelle on le tenait devaient rassurer les gouvernements les plus inquiets. D'ailleurs, Metternich veillait.

Le ministre autrichien se plaignait, à la date du 13 juillet 1821, de ce que les journaux n'apportaient rien d'intéressant : « Les Turcs, écrivait-il, dévorent les Grecs, et les Grecs coupent la tête aux Turcs : ce sont les nouvelles les plus agréables que j'ai reçues... (1) » ; à ce moment, il n'avait pas encore appris la mort de Napoléon, dont la nouvelle arriva le même jour à Vienne. M. de Rothschild en avait été informé le premier par un courrier de commerce. Notre ambassadeur en Autriche, le marquis de Caraman, se trouvait aux eaux de Baden, à deux lieues de Schœnbrunn, quand la nouvelle parvint à la Cour ; le prince de Metternich s'empressa de lui envoyer un exprès la lui annoncer ; aussitôt l'ambassadeur rentra à Vienne pour prendre connaissance à l'ambassade des détails que le gouvernement français lui avait fait parvenir et les communiquer au ministre. Metternich était profondément inquiet et il ne cachait pas l'ennui que cette nouvelle inattendue lui causait. Notre représentant l'exposait au baron Pasquier, ministre des Affaires étrangères, dans sa dépêche du 15 juillet :

« Monsieur de Metternich a senti tous les inconvénients qui pourraient résulter de la publication des pièces qui seraient apportées sur le continent après la mort de Buonaparte, et il a expédié sur le champ un courrier à Londres : il réclame du ministre anglais tous les secours de l'amitié pour s'assurer de ce qui peut être envoyé de Sainte-Hélène en Angleterre, pour que l'on se borne à le connaître au cabinet sans en occuper le public. »

Le ministre autrichien redoutait par-dessus tout la publication du testament de Napoléon qui aurait pu rappeler d'une manière

(1) Metternich, *Mémoires et correspondance*, tome III, p. 172.

trop vive l'intérêt qui s'attache aux sentiments de père et d'époux.
« Ce sentiment, ajoutait l'ambassadeur français, on voudrait
pouvoir le faire oublier, et on évitera ici tout ce qui peut réveiller l'attention sur les relations qui ont existé avec Buonaparte (1) ».

Cependant, il fallait annoncer au duc de Reichstadt la mort de
son père. Les instructions de Metternich furent ponctuellement
suivies : on prit mainte précaution et on attendit une semaine
entière pour lui faire part de l'événement. En raison du deuil,
qu'après de longues hésitations on se décida à lui faire porter et
dont la vue aurait trop péniblement rappelé, dans le palais impé-
rial, le souvenir de Napoléon, le jeune prince fut envoyé à
Schœnbrunn. Le capitaine Foresti, l'un de ses gouverneurs,
avait été chargé par l'empereur François de lui communiquer la
nouvelle avec tous les ménagements possibles. On la lui apprit
le 22 juillet (onze années, jour pour jour, avant sa propre mort);
il fondit en larmes, et son entourage fut surpris de l'extrême
douleur que témoigna un enfant âgé de dix ans et depuis si longtemps séparé de son père (2).

La cour d'Autriche ne prit pas le deuil, et, loin de témoigner
le moindre chagrin pour la mort de celui qui les avait honorés
en leur demandant la main de leur fille, l'empereur François et
l'impératrice Marie-Thérèse se rendaient à une brillante partie
de chasse le lendemain même du jour où la nouvelle était arrivée à Vienne (3).

Ce fut par le journal *la Gazette du Piémont*, que, le 17 juillet,
Marie-Louise apprit à Parme la mort de son époux : il était bien
naturel qu'elle se plaignît, pour la forme au moins, d'avoir été
réduite à savoir cette nouvelle par la voie des feuilles publi-
ques (4); mais la cour de Vienne ne jugeait pas nécessaire de
l'en informer avec ménagement : d'ailleurs, l'ex-impératrice
n'avait-elle pas entièrement abdiqué depuis longtemps sa qualité
d'épouse de Napoléon. Sa liaison avec Neipperg était connue de
la cour et du public, et, à ce moment même, elle était enceinte
d'un fils qu'elle eut du général autrichien et qui s'est appelé le
prince de Monte-Nuovo.

(1) Dépêche du marquis de Caraman (chiffrée) du 15 juillet 1821.

(2) « Le jeune duc de Reichstadt a beaucoup pleuré en apprenant la mort de son
père : on a remarqué que, peu de jours après, il marchait la tête basse et le regard
morne ». Baronne du Montet, *Souvenirs*, p. 210.

(3) Baronne du Montet, *Souvenirs*, p. 210 et 211.

(4) Lettre de Marie-Louise publiée dans l'*Intermédiaire des chercheurs et curieux*,
20 août 1907.

L'indifférence qu'elle témoigna à cette occasion contrastait singulièrement avec le profond chagrin du duc de Reichstadt :

« Je suis dans une grande incertitude, écrit-elle le 19 juillet; la *Gazette du Piémont* a annoncé d'une manière si positive la mort de l'empereur Napoléon, qu'il n'est presque plus possible d'en douter : j'avoue que j'en ai été extrêmement frappée, quoique je n'aie jamais eu de sentiment vif d'aucun genre pour lui, je ne puis oublier qu'il est le père de mon fils et que, loin de me maltraiter comme le monde le croit, il m'a toujours témoigné tous les égards, seule chose que l'on puisse désirer dans un mariage politique. J'en ai donc été très affligée, et, quoiqu'on doive être heureux qu'il ait fini une existence malheureuse d'une manière chrétienne, je lui aurais cependant désiré encore bien des années de bonheur et de vie, *pourvu que ce fût loin de moi*. Dans l'incertitude de ce qui en est, je me suis établie à Sala (palais d'été aux environs de Parme), ne voulant pas aller au théâtre jusqu'à ce que l'on sache quelque chose de sûr. Ma santé est devenue si frêle qu'elle s'est encore ressentie de ce choc (1) ».

Elle aussi aurait voulu que la nouvelle ne fût pas exacte : mais, si elle devait se résigner à y croire, il fallait accepter toutes les contrariétés qui allaient résulter de ce fâcheux événement : prendre le deuil, renoncer aux fêtes, et surtout s'abstenir d'assister au spectacle pendant quelques semaines, ce qui, pour Marie-Louise, était une cruelle privation. Neipperg partageait les inquiétudes de la duchesse et il demandait à Metternich de lui confirmer la nouvelle et de lui faire savoir la conduite à tenir dans le cas où elle serait exacte.

« Sa Majesté, lui écrivait-il, a été très frappée de lire dans la *Gazette du Piémont* la nouvelle de la mort de l'ex-empereur Napoléon. Les détails qui l'accompagnent permettent à peine de douter de la vérité des faits. Mais l'archiduchesse espère recevoir de Votre Altesse des nouvelles qui la tirent de ses doutes. Elle me charge de vous en prier, mon prince. Si l'événement se confirme d'une manière officielle, Sa Majesté, les personnes de la cour intérieure, sa maison et sa livrée prendront le deuil pour trois mois, d'après le règlement de deuil en usage à la cour d'Autriche; les cérémonies se feront d'une manière privée dans une des chapelles de Colonna ou de Sala. »

Mais, une heureuse circonstance permettra de déposer prochainement le deuil : c'est la visite que le roi et la reine de

(1) Lettres de Marie-Louise, p. 226.

Sardaigne (« de braves gens », écrivait Marie-Louise) doivent venir faire à la cour de Parme dans le courant du mois d'août. « Il sera convenable, ajoutait Neipperg, de déposer le deuil lors du jour de la réception de ces souverains à la cour », et, comme pour contredire Marie-Louise qui, le même jour, se disait abattue, il terminait par ces mots : « Sa Majesté jouit d'une parfaite santé ». La confirmation de la mort de Napoléon ne se fit pas attendre : la nouvelle officielle arrivait à Parme, le 20 juillet, elle avait été transmise par l'ambassadeur d'Autriche à Paris, le baron Vincent ; il n'y avait plus lieu de douter. Dès lors, Marie-Louise, tout comme Metternich, commence à redouter la publication du testament de l'Empereur et des pièces qui vont arriver de Sainte-Hélène.

Le même jour, Neipperg confiait ses craintes au ministre autrichien : « Sa Majesté l'archiduchesse m'ordonne de vouloir bien interposer son intervention près du gouvernement anglais pour que tout ce qui regarde le testament du défunt et l'héritage qu'il laisse au prince son fils soit placé sous l'égide de Sa Majesté Britannique, et pour qu'il lui en soit rendu un compte exact en sa qualité de tutrice de son enfant ». D'ailleurs, la duchesse de Parme s'en remettait pour toutes les difficultés qui pouvaient survenir à la sagesse de M. de Metternich.

On ne put faire moins que de célébrer un service solennel : la cérémonie eut lieu à Sala, le 31 juillet et Marie-Louise y assista en grands habits de deuil dans sa tribune. La consigne, approuvée par la cour de Vienne, avait été donnée au clergé de ne pas prononcer, dans les prières, le nom de Napoléon qui, pour la circonstance, devenait anonymement « le Sérénissime époux de la duchesse de Parme ».

C'était la formule que Neipperg avait trouvée pour éviter de faire paraître le nom et le titre de l'Empereur ; il l'avait déjà utilisée dans la note nécrologique rédigée par lui et qui avait paru dans la *Gazette de Parme*, le 24 juillet, pour expliquer au public le deuil que la cour allait s'imposer.

« J'espère, écrivait-il à Metternich, que le biais que j'ai cru devoir adopter sans faire mention des titres d'Empereur, d'ex-Empereur ou des noms de Bonaparte, de Napoléon inadmissibles en tout cas et qui auraient froissé le cœur de Sa Majesté ou les principes de la politique en vigueur, ne sera point condamné par Votre Altesse. Le mot de *Serenissimo* est dans la langue italienne encore plus générique que dans toutes les autres et s'applique indifféremment à chaque gradation princière : c'est la raison qui m'a engagé à le proposer à

Sa Majesté pour l'insertion de l'article officiel dans la *Gazette de Parme.*

Metternich trouva l'expression très heureuse, et répondit à Neipperg que « l'article était rédigé de la manière la plus convenable (1) ».

La cour de Parme prit le deuil, mais les souverains sardes ne vinrent pas ; soit qu'ils aient craint de contrarier le chagrin de la veuve de l'Empereur, soit qu'ils eussent appris la naissance (que l'on eut beaucoup de peine à cacher) du prince de Montenuovo, survenue le 9 août, ils avaient remis à plus tard leur visite à la duchesse de Parme. L'occasion escomptée pour quitter le deuil ne se présenta donc pas ; mais, si la maison de Marie-Louise le porta pendant le temps prescrit, la princesse ne tarda pas d'oublier son veuvage, et, dès le mois suivant, elle entreprenait en Toscane, accompagnée de Neipperg qui ne devait plus l'abandonner, un voyage, au cours duquel elle répara la longue privation de distractions et de spectacles que son deuil et sa grossesse lui avaient imposée pendant quelques semaines.

Lorsque, au mois d'octobre, Antomarchi, le médecin particulier de Napoléon à Sainte-Hélène, vint à Parme et demanda une audience à la veuve de l'Empereur pour lui raconter les derniers moments de son époux et lui communiquer ses disposition testamentaires, elle ne voulut pas le recevoir, et ce fut Neipperg qui se chargea d'entendre, très courtoisement, d'ailleurs, et avec une émotion facile à comprendre, le triste récit du visiteur.

Le soir même, après cette entrevue, Antomarchi assistait au théâtre à la représentation de la *Cenerentola*, de Rossini : il fut un peu surpris de voir en face de lui, dans la loge de la cour, l'ex-impératrice qui n'avait pas voulu sacrifier à sa parure quelques minutes pour apprendre de la bouche d'un témoin les dernières volontés de son infortuné mari (2).

A Rome, la nouvelle vint atteindre la plupart des membres de la famille Bonaparte qui s'étaient retirés dans cette ville après 1815 : Madame mère, le cardinal Fesch, la princesse Pauline et le comte de Saint-Leu.

Lœtitia s'attendait depuis plusieurs mois à l'annonce de la mort de son fils, dont elle savait la santé très ébranlée par le climat de Sainte-Hélène : néanmoins, la nouvelle la frappa cruellement

(1) Lettre de Neipperg à Metternich, 21 juillet 1821.
Lettre de Metternich à Neipperg, 2 août 1821.
(2) Antomarchi, *Mémoires,* t. II, p. 227-228.

dans son affection, et l'on peut dire que Napoléon ne fut regretté par personne autant que par sa mère. Deux mois après, Antomarchi fut reçu par elle, et, comme il lui racontait les derniers moments de son fils :

« Je fut obligé, dit-il, d'user de réserves, d'employer des ménagements, de ne lui dire, en un mot, qu'une partie des choses dont j'avais été témoin. A une seconde visite, sa douleur était plus résignée, plus calme ; j'entrai dans quelques détails qui furent souvent interrompus par des sanglots. Je m'arrêtais, mais cette malheureuse mère séchait ses larmes et recommençait ses questions. Le courage et la douleur étaient aux prises... (1). »

Pauline, l'enfant terrible, mais le meilleur cœur de la famille et la plus dévouée à Napoléon, ne put pas se consoler de la mort de son frère. Le 3 juillet (la nouvelle arriva à Rome le 11), devinant l'état dans lequel il se trouvait, elle avait supplié le gouvernement anglais de la laisser partir pour le consoler et le soigner dans son exil :

« Si votre gouvernement, écrivait-elle à lord Liverpool, persiste à laisser Napoléon périr sur le rocher de Sainte-Hélène, j'espère que Votre Seigneurie, afin d'aplanir toutes les difficultés qui pourraient retarder mon départ, étendra sa sollicitude jusqu'à vouloir bien s'interposer pour que la cour de Rome ne mette pas obstacle à mon voyage. Je sais que les moments de la vie de Napoléon sont comptés, et je me reprocherais éternellement de n'avoir pas employé tous les moyens qui pourraient être en mon pouvoir d'adoucir ses dernières heures et de lui prouver tout mon dévouement. »

Cette touchante supplique était adressée et arrivait trop tard, comme l'on sait. La malheureuse princesse était déjà à cette date atteinte de la maladie de langueur qui devait l'emporter quatre ans plus tard, et l'émotion qu'elle éprouva, en apprenant la mort de son frère, ne contribua pas peu à ébranler sa santé déjà si compromise.

Les frères de Napoléon, eux aussi, accueillirent douloureusement la triste nouvelle : l'ancien roi de Hollande, retiré à Rome avec le titre de comte de Saint-Leu, et qui avait toujours été particulièrement favorisé par l'Empereur, ressentit amèrement la perte qu'il venait de faire : lorsque Antomarchi se présenta chez lui, il lui fit répondre, mais sans ironie, qu'il était trop affligé pour le recevoir. Le cardinal Fesch le reçut, mais ne voulut pas lui poser de questions. A Canino, le prince Lucien et sa

____

(1) *Ibidem*, p. 229, 230.

famille, qui n'avaient jamais été gâtés par l'Empereur, n'en éprouvèrent pas moins une émotion bien vive en apprenant sa mort et accueillirent très favorablement Antomarchi (1).

Tous portèrent le deuil de Napoléon : peut-être même affichèrent-ils, dans la circonstance, un faste exagéré que l'ambassadeur de France à Rome signalait à son gouvernement : mais cette ostentation ne facilitait-elle pas la surveillance dont les parents de Bonaparte étaient constamment l'objet et que le représentant de Louis XVIII trouvait de plus en plus indispensable pour la tranquilité de l'Europe (2)?

Dans toute l'Italie la nouvelle fit sensation : non pas que la disparition de Napoléon y produisit un grand vide; mais, à cette occasion, on parlait de lui; on rappelait ce que le Corse avait fait en faveur de la Péninsule et on comparait à son avantage son gouvernement puissamment centralisé à celui des roitelets qui étaient revenus après sa chute se partager le pays qu'il avait un instant unifié.

Pour les Italiens de 1821, le nom de Napoléon était tout un programme et le souvenir du premier groupement national formé sous le nom de Royaume d'Italie n'était pas effacé de leur mémoire, les insurrections qui avaient lieu à ce même moment le prouvaient assez : « A Rome et à Naples, écrivait le duc de Blacas, la nouvelle de la mort de Buonaparte, tout en excitant la curiosité publique, n'a produit aucune sensation (3) ». Ne faut-il voir dans cette phrase qu'une formule banale de dépêche diplomatique écrite pour ne rien dire ou simplement pour rassurer un gouvernement porté à s'inquiéter des troubles qui auraient pu se produire à cette occasion? Il semble préférable d'admettre sur ce point le témoignage de Neipperg que l'on ne peut pas soupçonner d'être trop favorable à la mémoire de Napoléon : le 17 juillet, le général autrichien, délégué à Parme, écrivait à Metternich qui, pourtant, avait aussi besoin d'être rassuré :

« Votre Altesse peut croire que cet événement a produit un grand effet en Italie, surtout sur les anciens militaires qui, comme de raison, portaient un grand attachement au général sous lequel ils avaient servi durant toutes ses campagnes (4). »

(1) *Ibid.*, p. 230, 231.

(2) Lettre de M. de Blacas, ambassadeur à Rome, au baron Pasquier, ministre des Affaires étrangères : « Ses parents mettent un grand étalage dans leurs préparatifs de deuil : et je pense qu'il demandent à être toujours extrêmement surveillés ».
Aff. étr., Rome, 954, lettre du 29 juillet 1821.

(3) Aff. étr., *Ibidem*.

(Archives de Parme, lettres de Neipperg.

L'Espagne fut le pays où la mort de Napoléon produisit la sensation la plus profonde. Par un étrange contraste, le peuple espagnol, naguère si furieusement et si justement irrité contre celui qui voulait l'asservir, sut rendre à sa mémoire un généreux tribut d'admiration. « La mort de Buonaparte, écrivait l'ambassadeur de France à Madrid, M. Lagarde, a produit ici l'impression d'une perte sensible (1) ». A cette occasion, la presse libérale exalta ses victoires, vanta son génie guerrier et organisateur, et elle n'avait pas de peine à le faire valoir en le comparant aux souverains plus ou moins médiocres qui gouvernaient l'Europe depuis sa chute.

Ce sentiment d'admiration pour Napoléon n'animait pas seulement les libéraux dont la sympathie allait naturellement au fils du peuple qui avait renversé les trônes et bouleversé l'Europe au nom des principes de la Révolution; tous les Espagnols, sans distinction d'opinion, ressentirent une juste fierté d'avoir résisté au terrible despote lorsqu'il était à l'apogée de sa puissance. Napoléon cessait d'être à leurs yeux le conquérant avide qui pendant six ans avait cherché à les soumettre; il devenait dans leur imagination une sorte d'être surhumain, le dieu de la guerre incarné, auquel, eux Espagnols, avaient pu tenir tête et, « se persuadant dans leur orgueil que c'étaient eux qui l'avaient abattu, loin d'être humiliés de sa gloire il leur semblait que tout ce qu'on y ajoutait ne faisait que rehausser la leur (2). » Enfin, cette circonstance de la mort de Napoléon fournissait aux libéraux une bonne occasion de faire savoir à la vieille Europe, enlisée dans la Sainte-Alliance et décidée à arrêter dans la péninsule tout mouvement favorable aux idées nouvelles, que l'Espagne avait donné jadis le signal de la délivrance; et la presse madrilène ne manqua pas de rappeler aux souverains le temps où ils fléchissaient le genou devant leur dominateur à Erfurth, pendant que les Espagnols en luttant pour leur indépendance, faisaient profiter l'Europe de l'immobilisation dans laquelle ils tenaient les armées impériales et donnaient aux autres nations l'exemple de la résistance.

On connaît la chanson *Le Cinq Mai* que Béranger composa au lendemain de la mort de Napoléon, et l'on n'est pas peu surpris de lire au début de l'odyssée imaginaire qu'il prête à son héros ces vers déconcertants :

(1) Affaires Étrangères, Espagne, 713, Dépêche du 19 Juillet 1821.
(2) Viel-Castel, *Histoire de la Restauration*, t. X, p. 249-250.

> Des Espagnols m'ont pris sur leur navire
> Aux bords lointains où tristement j'errais,
> Humble débris d'un héroïque empire.
> J'avais dans l'Inde exilé mes regrets...

C'était à se demander si le poète n'avait pas voulu se moquer de ses lecteurs ou de Napoléon, en lui prêtant au milieu des Espagnols et des Indiens une aventure peu conforme à la vérité. L'observation lui en fut faite, et Béranger donna l'explication de sa fantaisie :

« Des peuples de l'Europe, écrivit-il, les Espagnols étaient ceux qui avaient les plus justes plaintes à formuler contre Napoléon. En plaçant son soldat sur un vaisseau de cette nation, l'auteur eut la pensée de faire voir à quel point les malheurs du grand homme avaient réconciliés tous les peuples avec sa gloire (1). »

Cette fois, le chansonnier disait vrai.

A Berlin, la nouvelle, arrivée le 12 juillet, se répandit promptement en ville : le baron de Caux, chargé d'affaires de France avait été informé de l'événement par une dépêche circulaire du ministre des Affaires étrangères adressée à la date du 6 juillet à tous nos représentants à l'étranger. Il en fit part au comte de Bernstorff, ministre du roi de Prusse, qui aussitôt écrivit la nouvelle à son souverain, alors à Munster ; mais Frédéric-Guillaume en avait déjà eu connaissance en droiture par Paris (2). Ce fut par les journaux reçus à l'ambassade d'Angleterre que les diplomates de Berlin apprirent la date de la mort de Napoléon : le ministre français avait omis de l'insérer dans sa dépêche.

L'impression produite par la nouvelle dans la capitale de la Prusse ne fut pas profonde : sans doute dans ce pays comme en Espagne, il y avait un parti libéral puissant, mais il ne fallait pas s'attendre de sa part à une admiration non pas fanfaronne, mais simplement généreuse vis-à-vis de Napoléon. Les vaincus d'Iéna n'avaient pas oublié au prix de quels sacrifices ils s'étaient affranchis, et l'orgueil national à peine vengé de l'affront par la captivité de leur ennemi semblait les empêcher de s'intéresser à sa mort. La nouvelle fut accueillie froidement ; et cette indifférence ne laissait pas de faire réfléchir placidement le représentant de Louis XVIII sur le peu de regrets que laissent derrière

---

(1) Béranger, *Biographie*, 1860, 1 vol. in-4°, p. 333.

(2) Affaires Étrangères. Prusse, 221. Lettre du baron de Caux au Ministre des Affaires Étrangères, le 14 juillet 1821.

eux les perturbateurs de la paix du monde : « Ce pays, écrivait-il ;
« ayant été plus que tout autre, froissé par la puissance de l'hom-
« me qui vient de mourir, on aurait pu croire que sa fin y
« causerait une forte sensation, et c'est une chose bien digne de
« remarque que l'indifférence ou du moins le peu d'importance
« avec laquelle ce bruit a été accueilli, tant on était déjà accoutumé
« à le regarder comme mort civilement : peut-être aussi tant on
« est occupé aujourd'hui d'idées tout à fait étrangères à celles qui
« ont dominé dans son temps. Puisse cet oubli prématuré être
« à jamais une leçon pour les ambitieux qu'une folle vanité
« pousse à vouloir encore bouleverser le monde (1). »

Dans l'Allemagne du Sud où cependant Napoléon comptait de
nombreux partisans, la nouvelle fut accueillie avec le même calme.

Notre chargé d'affaires à Munich s'étonnait de cette froideur : il
avait vu le peuple bavarois manifester bruyamment ses impres-
sions lors des événements de Naples et d'Espagne : il fut surpris
d'avoir à constater que la mort de Napoléon « n'avait produit
« chez ses anciens alliés qu'une très faible sensation (2). »

La même phrase se retrouve à peu près textuellement
sous la plume de notre représentant à Carlsruhe : « La
nouvelle, écrivait-il, n'a pas produit dans le grand duché
de Bade une grande sensation »; et il est intéressant toute-
fois de signaler l'impression de soulagement que le grand-
duc en éprouva ; car il était de ceux qui redoutaient encore pour
l'Europe (bien qu'il n'eût pas le droit personnellement de s'en
plaindre), le retour de l'Empereur (3). Mais, si les gouvernants se
montraient indifférents ou rassurés, et si le public restait froid et
s'interdisait toute manifestation, la presse de Munich, de Stutt-
gard et de Carlsruhe rendait hommage aux qualités de celui qui,
tout en l'asservissant, avait donné à l'Allemagne du Sud
conscience de sa force et de sa personnalité, en la libérant de
l'Autriche et en l'opposant à la Prusse (4). D'ailleurs, les journaux allemands furent presque unanimes à faire l'éloge du génie
militaire de Napoléon.

Le prince Eugène, retiré à Munich, depuis 1815, avec le titre de
duc de Leuchtenberg, se trouvait à ce moment aux eaux de Bade

(1) *Ibidem.*

(2) Affaires Etrangères. Bavière 193. Lettre du chargé d'affaires de France. 31
août 1821.

(3) Affaires Etrangères. Bade 18. Lettre de M. de Montlezun, le 3 juillet 1821.

(4) Lettre du même, même date : « Les brouillons n'invoqueront plus son nom pour
« essayer de troubler le repos de l'Europe et on ne verra plus les gazettes s'occuper de
« lui et publier des articles tels que celui qui est contenu dans la « Gazette de Carls-
« ruhe » et dans presque toutes celles d'Allemagne. »

en compagnie du roi de Bavière, son beau-père. C'est dans cette ville que la nouvelle lui parvint, le 10 juillet : il prit aussitôt le deuil : et pour ne pas réveiller des souvenirs trop pénibles au cœur de l'ancien vice-roi d'Italie, on s'abstint pendant quelques jours de parler devant lui de la mort de son père adoptif (1).

La nouvelle avait profondément touché le roi de Bavière qui devait sa couronne à Napoléon, et, à un dîner offert par lui, le 18 juillet, à Bade et auquel assistaient le chargé d'affaires de France et plusieurs Français de marque, la mort de Bonaparte fit le sujet de toutes les conversations. Les convives échangeaient tous les détails qu'ils avaient appris par les journaux anglais sur les derniers moments du grand homme; on y parla du retour prochain des officiers qui l'avaient suivi dans sa captivité. Maximilien se fit un plaisir de raconter à ses invités l'incident survenu à Saint-Cloud entre Louis XVIII et le général Rapp ; il ne put s'empêcher de faire l'éloge de l'ancien officier de l'Empereur (2).

A Dresde, la nouvelle produisit une impression profonde : les Saxons commencèrent, eux aussi, par en douter, comme l'on fait d'un événement pénible; « puis, quand des détails circonstanciés eurent confirmé les premiers bruits, on en causa diversement, chacun selon ses affections ou ses ressentiments ». Même à la cour de Saxe, on ne s'entretint pendant plusieurs jours d'aucun autre objet et notre chargé d'affaires écrivit à son ministre « qu'au dernier cercle de dimanche, le Roi et la Reine étaient les seules personnes qui n'eussent pas parlé de cet événement », et comme on donnait à cette mort une importance qui menaçait de rejaillir sur la tête du duc de Reichstadt, le représentant de Louis XVIII crut de son devoir de contredire cette opinion en s'appliquant à faire envisager la nouvelle sous le seul aspect de l'intérêt qu'elle pouvait offrir à la curiosité (3).

En Russie, les événements d'Orient et l'insurrection des Grecs préoccupaient trop les esprits à ce moment pour permettre à l'ambassadeur de France, le comte de la Ferronnays, d'observer l'impression produite à Pétersbourg par l'annonce de la nouvelle : il avait été informé comme les autres par la dépêche-circulaire du baron Pasquier, en date du 6 juillet; mais son attention était tournée vers d'autres sujets plus importants et il ne fit aucune

(1) Affaires Etrangères. Bade 18. Lettre du 12 juillet.
(2) Affaires Etrangères. Bade 18. Lettre du 10 juillet.
(3) Affaires Etrangères. Saxe 1821. 77, fol. 217.

réponse à la communication ministérielle qui, du reste, n'en demandait pas.

En Suisse, la Diète fédérale était réunie au moment où la nouvelle de la mort de Napoléon arriva à Berne. Les questions douanières que l'on y discutait méritaient toute l'attention du représentant de la France qui faisait à son gouvernement un compte rendu minutieux des travaux de l'assemblée ; et il n'eut pas le temps ou l'occasion de remarquer et de consigner dans ses dépêches l'impression produite sur les Suisses par la mort de celui qui les avait, un peu trop tutélairement peut-être, mais sagement, gardés sous sa protection pendant quinze ans.

Si la mort de Napoléon fut accueillie d'une façon généralement calme et ne fut pas l'occasion de manifestations violentes, elle provoqua presque dans tous les pays l'éclosion d'une quantité innombrable de brochures, pamphlets, apologies et productions de tout genre. Quelques titres valent la peine d'être cités : « Le coucher du soleil du 5 mai », — « Bonaparte devant Minos, Eaque et Rhadamante ». — « Il n'est pas mort ! », etc... Puis, comme, le 7 août, la reine d'Angleterre mourait d'un cancer, une corrélation facile amenait un fantaisiste à la faire rencontrer aux enfers avec Bonaparte, victime, disait-on, du même mal ; et un dialogue des morts paraissait avec ce titre : « Napoléon et la reine d'Angleterre aux bords du Styx. » Un autre paralléliste à l'esprit moins moderne prenait ses exemples dans l'antiquité classique et écrivait une brochure intitulée : « Les Perses et Thémistocle, les Anglais et Napoléon ». La plupart de ces productions avaient pour auteurs des admirateurs de Napoléon.

A l'étranger comme en France d'innombrables poètes surgirent pour publier des odes, des élégies, des dithyrambes, des apothéoses. Les deux pièces qui méritèrent le plus de fixer l'attention furent l'élégie de Manzoni et le dithyrambe de lord Byron : « Héros « malheureux, écrivait ce dernier, tu as vécu trop longtemps, et « ta mort qui eût dû ébranler la terre ne l'émeut pas plus que la « chute d'une feuille desséchée. » C'est ce sentiment pénible que l'on éprouve aujourd'hui encore ; et, en lisant la correspondance officielle et privée de cette époque, on ne peut s'empêcher d'être frappé, comme le poète anglais, du peu d'impression que fit sur les gouvernants et sur le public la mort de l'homme qui, depuis des siècles, avait le plus profondément bouleversé le monde.

Louis JACOB.

AUXERRE-PARIS. — IMPRIMERIE A. LANIER

La Nouvelle Revue

POLITIQUE, LITTÉRAIRE ET ARTISTIQUE

(3ᵉ Série)

Fondatrice : *Madame Juliette ADAM*

Depuis le 1ᵉʳ Octobre 1879

PARAIT LE 1ᵉʳ ET LE 15 DE CHAQUE MOIS

PRIX DE L'ABONNEMENT :	12 Mois	6 Mois	3 Mois
Paris, Départements et Alsace-Lorraine. . .	45 fr.	24 fr.	12 fr.
Étranger.	55 »	30 »	16 »

Prix du numéro : 2 fr. 50

Les abonnements partent du 1ᵉʳ et du 15 de chaque Mois

PARIS - 80, Rue Taitbout, 80 - Téléphone 104-91

AUXERRE-PARIS. — IMPRIMERIE A. LANIER